Projeto Presente

Educação Infantil

ERA UMA VEZ... 3

SELEÇÃO DE TEXTOS

Andréa de Fatima Dias
Miruna Kayano
Rosana El-Kadri

COORDENAÇÃO PEDAGÓGICA

Neuza Sanchez Guelli

1ª edição

MODERNA

MODERNA

Coordenação editorial: Marisa Martins Sanchez
Edição de texto: Cristiane Maia Pimentel, Marina Lupinetti, Marisa Martins Sanchez
Assistência editorial: Maiara Moreira
Gerência de *design* e produção gráfica: Sandra Botelho de Carvalho Homma
Coordenação de produção: Everson de Paula
Suporte administrativo editorial: Maria de Lourdes Rodrigues (coord.)
Coordenação de *design* e projeto gráfico: Marta Cerqueira Leite
Capa: *Criação e direção de arte*: Douglas Rodrigues José, Patrícia Malizia
Ilustração: Rodrigo Pascoal, Tel Coelho, Roberto Weigand, Sidney Meireles
Coordenação de arte: Rodrigo Carraro
Edição de arte: Estúdio Anexo
Editoração eletrônica: Estúdio Anexo
Ilustrações: Rodrigo Pascoal, Tel Coelho, Sidney Meireles, Roberto Weigand
Coordenação de revisão: Elaine C. del Nero
Revisão: Maristela S. Carrasco
Coordenação de *bureau*: Américo Jesus
Tratamento de imagem: Fabio N. Precendo, Rubens M. Rodrigues
Pré-impressão: Alexandre Petreca, Everton L. de Oliveira, Fabio N. Precendo, Hélio P. de Souza, Marcio H. Kamoto, Vitória Sousa
Coordenação de produção industrial: Viviane Pavani
Impressão e acabamento: Arvato Bertelsmann
Lote: 207838

EDITORA MODERNA LTDA.
Rua Padre Adelino, 758 – Belenzinho
São Paulo – SP – Brasil – CEP 03303-904
Vendas e Atendimento: Tel. (0_ _11) 2602-5510
Fax (0_ _11) 2790-1501
www.moderna.com.br
2016
Impresso no Brasil

1 3 5 7 9 10 8 6 4 2

SUMÁRIO

A FESTA DO TIGRE E OS SEUS CONVIDADOS

DANTES, OS BICHOS ERAM COMPADRES ENTRE SI. O TIGRE FEZ UMA FESTA E CONVIDOU O COMPADRE MACACO, O COMPADRE VEADO, O COMPADRE CARNEIRO E TODOS OS OUTROS. CHEGARAM TODOS. O TIGRE PERGUNTOU AO MACACO SE ELE SABIA TOCAR E CANTAR. COMPADRE MACACO DISSE QUE SIM, QUE SABIA. O TIGRE PEGOU UMA VIOLA E DEU AO MACACO. PEGOU OUTRA E CANTOU:

— CORRA A RODA DO BAMBUÁ,
FUI PEGAR CAÇA NO MATO,
EM CASA VIM ACHÁ.

O MACACO PERCEBEU QUE O TIGRE QUERIA COMER OS BICHOS E RESPONDEU:

— CORRA A RODA DO BAMBUÁ,
QUEM TIVER AS PERNAS CURTAS
QUE VÁ SAINDO JÁ.

OS BICHOS, QUE ESTAVAM GIRANDO EM RODA, IAM INDO, IAM INDO E SE ESCAPAVAM. O TIGRE CANTAVA COM OS OLHOS MEIO FECHADOS E NÃO VIA. FORAM REPETINDO O VERSO O TIGRE E O MACACO. OS BICHOS CHEGAVAM AO RIO, NADAVAM PARA A OUTRA BANDA E ESTAVAM LIVRES. O CARNEIRO PREGUIÇOSO SAIU JÁ NO FIM, E ASSIM MESMO NÃO TEVE CORAGEM DE ATRAVESSAR O RIO. COBRIU-SE COM A AREIA E FICOU QUE NEM UMA PEDRA.

ENTÃO O TIGRE ABRIU OS OLHOS E VIU QUE DOS SEUS CONVIDADOS RESTAVAM O MACACO E O VEADO. OLHOU PARA O MACACO, OLHOU PARA O VEADO, E NÃO SABIA QUEM PEGAR: O VEADO MUITO LIGEIRO, O MACACO MUITO ESPERTO. PULOU EM CIMA DO MACACO, O MACACO SUBIU NA ÁRVORE E FEZ: FIU-FI-FIU! O TIGRE CORREU ATRÁS DO VEADO. QUANTO MAIS O TIGRE CORRIA, TANTO MAIS O VEADO PULAVA.

O VEADO ATRAVESSOU O RIO, E O TIGRE FICOU PARADO, BUFANDO. O VEADO GRITOU A ELE, DE LÁ:

— ESTÁ MUITO BRAVO COMIGO, ME MATE! PEGUE ESSA PEDRA AÍ E ATIRE EM MIM!

O TIGRE PEGOU A PEDRA E JOGOU. O CARNEIRO, JÁ DO OUTRO LADO, POIS A PEDRA ERA ELE, GRITOU:

— MUITO OBRIGADO! — E FOI PARA O CURRAL, ENQUANTO O VEADO FOI PARA A SUA ZONA.

HENRIQUETA LISBOA. *LITERATURA ORAL PARA A INFÂNCIA E A JUVENTUDE*: LENDAS, CONTOS E FÁBULAS POPULARES NO BRASIL. SÃO PAULO: PEIRÓPOLIS, 2002. P. 188-189.

O PESCADOR E O GÊNIO

HAVIA UMA VEZ UM PESCADOR MUITO VELHO E MUITO POBRE QUE VIVIA COM SUA MULHER E SEUS TRÊS FILHOS.

TODOS OS DIAS ELE JOGAVA SUA REDE NO MAR APENAS QUATRO VEZES E SEMPRE CONSEGUIA COLHER ALGUNS PEIXES PARA O SEU SUSTENTO.

MAS HOUVE UM DIA EM QUE ELE JOGOU A REDE POR TRÊS VEZES, SEMPRE CHAMANDO O NOME DE DEUS, E DAS TRÊS VEZES SÓ CONSEGUIU RETIRAR DAS ÁGUAS UM BURRO MORTO, UM POTE VELHO E ALGUMAS GARRAFAS. NA QUARTA VEZ EM QUE JOGOU SUA REDE, SENTIU QUE ELA TINHA FICADO PRESA NO FUNDO. COM DIFICULDADE, CONSEGUIU RETIRAR A REDE E VIU QUE ELA TRAZIA UMA GARRAFA DE BOCA LARGA, DE COBRE DOURADO, QUE ESTAVA FECHADA COM CHUMBO E TRAZIA O SELO DO GRANDE REI SALOMÃO.

O PESCADOR SE ALEGROU, POIS PENSOU QUE PODERIA VENDER A GARRAFA POR UM BOM PREÇO. MAS, SENTINDO QUE ELA ESTAVA MUITO PESADA, RESOLVEU ABRI-LA PARA VER O QUE CONTINHA.

COM SUA FACA FORÇOU O CHUMBO, VIROU A GARRAFA PARA BAIXO E AGITOU PARA VER O QUE IA SAIR. MAS NÃO SAIU NADA. O PESCADOR COLOCOU-A NA AREIA E ENTÃO COMEÇOU A SAIR DE DENTRO DELA UMA FUMAÇA, QUE FOI SE AVOLUMANDO ATÉ CHEGAR ÀS NUVENS E FOI TOMANDO A FORMA DE UM GIGANTE, QUE O PESCADOR PERCEBEU LOGO QUE ERA UM GÊNIO.

MORTO DE MEDO, ELE COMEÇOU A TREMER.

E TINHA RAZÃO PARA TER MEDO, PORQUE O GÊNIO SAUDOU-O E DISSE:

— ALEGRA-TE, PESCADOR, QUE VAIS MORRER E PODES ESCOLHER DE QUE MANEIRA!

O PESCADOR, APAVORADO, TENTOU ACALMAR O GÊNIO:

— MAS POR QUE QUERES ME MATAR, SE FUI EU QUE TE TIREI DO FUNDO DO MAR, FUI EU QUE TE TIREI DE DENTRO DESTA GARRAFA ONDE ESTAVAS PRESO?

O GÊNIO ENTÃO CONTOU AO PESCADOR A SUA HISTÓRIA.

HÁ MIL E OITOCENTOS ANOS, NO TEMPO DO REI SALOMÃO, ELE, O GÊNIO, SE HAVIA REVOLTADO CONTRA O REI E, COMO CASTIGO, HAVIA SIDO PRESO NESTA GARRAFA E ATIRADO NO FUNDO DO MAR.

DURANTE CEM ANOS ELE HAVIA JURADO QUE FARIA RICO PARA SEMPRE AQUELE QUE O LIBERTASSE.

CEM ANOS SE PASSARAM E O GÊNIO PERMANECEU NA GARRAFA.

DURANTE MAIS CEM ANOS O GÊNIO JUROU:

— DAREI A QUEM ME LIBERTAR TODOS OS TESOUROS DA TERRA.

CEM ANOS SE PASSARAM E O GÊNIO CONTINUOU PRISIONEIRO DA GARRAFA.

ENCOLERIZADO, ELE TORNOU A JURAR:

— AGORA, SE FOR LIBERTADO, MATAREI AQUELE QUE ME SOLTAR E DEIXAREI QUE ELE ESCOLHA COMO QUER MORRER.

O PESCADOR IMPLOROU DE TODAS AS FORMAS QUE O GÊNIO O PERDOASSE, POIS, DIZIA ELE:

— DESTA MANEIRA, ENCONTRARÁS QUEM TE PERDOE.

MAS O GÊNIO NÃO SE DEIXOU COMOVER.

AÍ O PESCADOR TEVE UMA IDEIA:

— JÁ QUE VOU MORRER MESMO, QUERO QUE ME RESPONDAS A UMA PERGUNTA: COMO É POSSÍVEL QUE ESTIVESSES DENTRO DA GARRAFA, SENDO TÃO GRANDE COMO ÉS? NÃO POSSO ACREDITAR NISSO, A NÃO SER QUE VEJA COM MEUS PRÓPRIOS OLHOS.

O GÊNIO, DESAFIADO, CONVERTEU-SE NOVAMENTE EM FUMAÇA E POUCO A POUCO FOI ENTRANDO NA GARRAFA.

QUANDO O PESCADOR VIU QUE ELE ESTAVA INTEIRINHO LÁ DENTRO, MAIS DO QUE DEPRESSA FECHOU A GARRAFA COM O SELO. E DISSE AO GÊNIO:

— VOU JOGAR-TE DE VOLTA AO MAR E VOU CONSTRUIR UMA CASA AQUI. TODA VEZ QUE ALGUÉM VIER PESCAR VOU AVISÁ-LO PARA QUE NÃO TE LIBERTE. DESTA MANEIRA, ENQUANTO EU FOR VIVO, NÃO SAIRÁS DE DENTRO DESTA GARRAFA.

O GÊNIO ENTÃO LAMENTOU-SE E IMPLOROU AO PESCADOR QUE O PERDOASSE. MAS O PESCADOR RESPONDEU:

— EU TAMBÉM TE PEDI QUE ME PERDOASSE, QUE ALGUÉM TE PERDOARIA. MAS ASSIM MESMO QUISESTE ME MATAR.

O GÊNIO JUROU QUE NÃO LHE FARIA MAL E QUE LHE DARIA MEIOS PARA QUE VIVESSE COM FARTURA O RESTO DE SEUS DIAS, SE O DEIXASSE SAIR.

O PESCADOR SE CONVENCEU E LIBERTOU O GÊNIO, QUE LHE MOSTROU UMA LAGOA RICA DE GRANDES PEIXES, ONDE O PESCADOR PÔDE PESCAR O RESTO DE SUA VIDA.

RUTH ROCHA (ADAPTAÇÃO DO CONTO DE *AS MIL E UMA NOITES*).
ALMANAQUE RUTH ROCHA. 2. ED. SÃO PAULO: MODERNA, 2011. P. 52-53.

A PRINCESA E O GRÃO DE ERVILHA

ERA UMA VEZ UM PRÍNCIPE QUE ESTAVA À PROCURA DE UMA PRINCESA, MAS ELE QUERIA QUE FOSSE UMA VERDADEIRA PRINCESA. ENTÃO, RESOLVEU DAR A VOLTA AO MUNDO, NA ESPERANÇA DE ENCONTRAR A SUA PROMETIDA. NAQUELE TEMPO, HAVIA MUITO MAIS PRINCESAS DO QUE HOJE, MAS, QUANDO SE INVESTIGAVA SE ERAM VERDADEIRAS PRINCESAS, SEMPRE EXISTIA CERTA DIFICULDADE EM PROVÁ-LO; E, EM MUITOS CASOS, DESCOBRIA-SE ALGUM DETALHE QUE ESTRAGAVA TUDO. ENFIM, O PRÍNCIPE RETORNOU AO PALÁCIO MUITO TRISTE, POIS GOSTARIA MUITO DE CASAR-SE COM UMA VERDADEIRA PRINCESA.

CERTA NOITE, O TEMPO ESTAVA HORRÍVEL. HAVIA RELÂMPAGOS, TROVÕES E CHOVIA A CÂNTAROS. ERA REALMENTE ASSUSTADOR! ENTÃO, ALGUÉM BATEU À PORTA DA CIDADE E O VELHO REI FOI ABRI-LA.

QUEM BATIA ERA UMA PRINCESA. MAS, MEU DEUS! COMO A CHUVA E O VENTO A TINHAM CASTIGADO! A ÁGUA LHE JORRAVA PELOS CABELOS E PELO VESTIDO, ENTRAVA PELA BIQUEIRA DOS SAPATOS E SAÍA PELO CALCANHAR. MAS ELA ASSEGUROU QUE ERA UMA VERDADEIRA PRINCESA.

"É O QUE LOGO SABEREMOS!", PENSOU A VELHA RAINHA. MAS NADA DISSE. ENTROU NO QUARTO DE HÓSPEDES, TIROU TODA A ROUPA DE CAMA E PÔS UM GRÃO DE ERVILHA NUMA DAS TÁBUAS DO ESTRADO; EM SEGUIDA, PEGOU VINTE COLCHÕES E OS PÔS EM CIMA DO GRÃO, E EMPILHOU MAIS VINTE COBERTORES DE PLUMAS SOBRE OS COLCHÕES.

ERA ALI QUE A PRINCESA DEVERIA DORMIR.

NA MANHÃ SEGUINTE, PERGUNTARAM-LHE COMO PASSARA A NOITE.

— PASSEI UMA NOITE PÉSSIMA — REPLICOU A MOÇA. — MAL CONSEGUI PREGAR OS OLHOS. SABE DEUS O QUE HAVIA NA CAMA. ERA UMA COISA DURA. ESTOU COM O CORPO CHEIO DE HEMATOMAS E TODO DOLORIDO. FOI HORRÍVEL!

ENTÃO, TODOS COMPREENDERAM QUE ELA ERA UMA VERDADEIRA PRINCESA, POIS FORA CAPAZ DE SENTIR O GRÃO DE ERVILHA ATRAVÉS DE VINTE COLCHÕES E VINTE COBERTORES DE PLUMAS. SÓ UMA VERDADEIRA PRINCESA PODERIA TER A PELE TÃO SENSÍVEL.

E, ASSIM, O PRÍNCIPE A DESPOSOU, PORQUE AGORA ELE SABIA QUE TINHA ENCONTRADO UMA VERDADEIRA PRINCESA. QUANTO AO GRÃO DE ERVILHA, FOI DEPOSITADO NA SALA DE CURIOSIDADES, ONDE PODE SER VISTO ATÉ HOJE, SE É QUE NINGUÉM O PEGOU.

ESTA, SIM, É UMA *VERDADEIRA* HISTÓRIA!

HANS CHRISTIAN ANDERSEN. *CONTOS E HISTÓRIAS*.
TRADUÇÃO DE RENATA CORDEIRO. SÃO PAULO: LANDY, 2004.

AS LÁGRIMAS DO DRAGÃO

EM UM LUGAR MUITO LONGE, EM UM PAÍS ESTRANHO, VIVIA UM DRAGÃO. SUA CASA FICAVA EM UMA CAVERNA FUNDA, ENCRAVADA NA MONTANHA, DE ONDE SEUS OLHOS BRILHAVAM COMO FARÓIS. QUANDO ALGUMAS PESSOAS QUE VIVIAM NAS PROXIMIDADES ESTAVAM REUNIDAS À NOITE AO REDOR DO FOGO, ALGUÉM COSTUMAVA FALAR:

— QUE DRAGÃO TERRÍVEL VIVE PERTO DE NÓS!

E OUTRA PESSOA CONCORDAVA, DIZENDO:

— ALGUÉM PRECISA MATÁ-LO!

SEMPRE QUE AS CRIANÇAS OUVIAM SOBRE O DRAGÃO, FICAVAM APAVORADAS. MAS HAVIA UM GAROTINHO QUE NUNCA SE AMEDRONTAVA COM ESSAS HISTÓRIAS. TODOS OS VIZINHOS DIZIAM:

— QUE GAROTINHO ENGRAÇADO!

QUANDO SE APROXIMOU O ANIVERSÁRIO DELE, SUA MÃE LHE PERGUNTOU:

— QUEM VOCÊ GOSTARIA DE CONVIDAR PARA SEU ANIVERSÁRIO?

E O GAROTINHO DISSE:

— MÃE, EU GOSTARIA DE CHAMAR O DRAGÃO!

SUA MÃE FICOU MUITO SURPRESA, E PERGUNTOU:

— VOCÊ ESTÁ BRINCANDO?

ELE RESPONDEU, MUITO DECIDIDO:

— NÃO, EU FALO SÉRIO: QUERO CONVIDAR O DRAGÃO.

ASSIM, NO DIA ANTERIOR AO SEU ANIVERSÁRIO O GAROTINHO SAIU FURTIVAMENTE DA CASA. ELE CAMINHOU, CAMINHOU E CAMINHOU ATÉ ALCANÇAR A MONTANHA ONDE VIVIA O DRAGÃO.

— OLÁ! SENHOR DRAGÃO! — O GAROTO CHAMOU DO VALE, GRITANDO O MAIS ALTO QUE PÔDE.

— QUAL É O PROBLEMA? QUEM ESTÁ ME CHAMANDO? — RUGIU O DRAGÃO, SAINDO DE SUA CAVERNA.

O GAROTINHO DISSE:

— AMANHÃ É MEU ANIVERSÁRIO, E HAVERÁ UM MONTE DE COISAS BOAS PARA COMER. POR FAVOR, VENHA À MINHA FESTA. EU PERCORRI TODO ESSE CAMINHO ATÉ AQUI PARA CONVIDÁ-LO.

PRIMEIRO, O DRAGÃO NÃO PÔDE ACREDITAR NO QUE OUVIA, E CONTINUOU RUGINDO PARA O GAROTO. MAS O MENINO NÃO ESTAVA ASSUSTADO, E CONTINUOU DIZENDO:

— POR FAVOR, SENHOR DRAGÃO, VENHA À MINHA FESTA!

FINALMENTE, O DRAGÃO ENTENDEU QUE O GAROTO ESTAVA SENDO SINCERO E REALMENTE QUERIA QUE ELE, UM DRAGÃO, FOSSE À SUA FESTA DE ANIVERSÁRIO. ENTÃO, O DRAGÃO PAROU DE RUGIR E COMEÇOU A CHORAR.

— QUE COISA BOA ME ACONTECEU! — GEMEU O DRAGÃO. — EU NUNCA TINHA RECEBIDO UM CONVITE DE NINGUÉM ANTES.

AS LÁGRIMAS DO DRAGÃO ESCORRERAM E ESCORRERAM, ATÉ QUE FINALMENTE FORMARAM UM RIO. E O DRAGÃO DISSE:

— VENHA, SUBA EM MINHAS COSTAS, E EU LHE DAREI UMA CARONA DE VOLTA PARA CASA!

O GAROTO SUBIU BRAVAMENTE NAS COSTAS DO DRAGÃO FEROZ, QUE SEGUIU ADIANTE NADANDO CORRENTEZA ABAIXO NO RIO FORMADO POR SUAS PRÓPRIAS LÁGRIMAS. MAS, À MEDIDA QUE SEGUIA, SEU CORPO MUDAVA DE FORMA E TAMANHO EM UM PASSE DE MÁGICA.

E DE REPENTE — QUEM PODE EXPLICAR! — O GAROTINHO ESTAVA NAVEGANDO BRAVAMENTE RIO ABAIXO EM DIREÇÃO À SUA CASA COMO CAPITÃO DE UM BARCO-DRAGÃO A VAPOR!

HIROSUKE HAMADA. EM: FLORENCE SAKADE.
AS HISTÓRIAS PREFERIDAS DAS CRIANÇAS JAPONESAS:
LIVRO 2. SÃO PAULO: JBC, 2005. P. 13-15.